Crea y Vende Vídeos con IA

Usa herramientas de IA para crear YouTube Shorts, TikToks, Reels y videos sin rostro que te generen ingresos para siempre

Por Joe Correa

Publicado por **Live Stronger Faster**

Primera edición

Tabla de contenidos

Introducción

Bienvenido a la Revolución del Video con IA

La forma en que las personas consumen contenido ha cambiado para siempre. Hemos pasado de producciones de video largas y de alto presupuesto a contenido rápido, dinámico y de alto impacto, todo gracias a plataformas como TikTok, Instagram Reels y YouTube Shorts. Y ahora, con el auge de la inteligencia artificial, puedes crear estos videos de manera más rápida, sencilla y sin mostrar tu rostro.

Este libro es tu guía paso a paso para construir una fuente de ingresos utilizando herramientas de video con IA. Ya seas emprendedor, creador de contenido o un principiante absoluto sin experiencia técnica, esta guía es para ti.

Por qué la creación de videos con IA es el futuro

Las herramientas de IA ahora permiten que cualquiera escriba guiones, edite, agregue voz y publique videos en minutos, algo que antes tomaba horas o requería equipos costosos. Creadores de video con IA como Pictory, InVideo, Descript y Opus Clip están cambiando las reglas del juego.

No necesitas una cámara.

No necesitas hablar en video.

Ni siquiera necesitas habilidades de edición.

Todo lo que necesitas es una idea... y esta guía.

Lo que aprenderás en este libro

Este libro te mostrará cómo:

- Crear videos cortos sin rostro usando IA.
- Identificar qué herramientas de IA funcionan mejor para guiones, edición y publicación.
- Convertir un solo video largo en docenas de Shorts, Reels o TikToks de alto rendimiento.
- Dónde publicar y cómo monetizar.
- Consejos para crecer en vistas e ingresos sin aparecer jamás en cámara.

También te guiaremos a través de casos reales y estrategias de monetización, incluyendo:

- Marketing de afiliados con contenido en video.
- Crear canales de YouTube sin rostro para generar ingresos pasivos.
- Vender paquetes de contenido a empresas utilizando automatización con IA.

- Usar tendencias + IA para volverte viral con el mínimo esfuerzo.

Por qué esto es importante

El video de formato corto está dominando Internet:

- Más de 15 mil millones de videos cortos se ven a diario.
- Canales sin rostro están ganando miles en ingresos por anuncios, comisiones de afiliados y acuerdos con marcas.
- Las empresas están pagando a creadores por contenido que ni siquiera produjeron manualmente: lo automatizaron con IA.

Esto no es solo una moda. Es un cambio de paradigma. Y si entras ahora, te posicionarás para el éxito a largo plazo.

Para quién es este libro

- Creadores que no quieren aparecer en cámara.
- Padres, estudiantes o empleados a tiempo completo que buscan ingresos pasivos.
- Agencias y freelancers que quieren entregar contenido en video sin edición manual.
- Cualquier persona que quiera ganar dinero a nivel global usando solo una laptop o un teléfono... y la IA.

Esto no se trata de perseguir fama viral. Se trata de construir fuentes de ingresos automatizadas usando videos de formato corto creados con herramientas de inteligencia artificial.

Capítulo 1: El poder de los videos cortos

Los videos de formato corto se han apoderado de Internet. Plataformas como TikTok, YouTube Shorts e Instagram Reels ahora dominan la interacción en línea, ofreciendo a cualquier persona con un teléfono la oportunidad de llegar a millones. Pero lo que la mayoría no se da cuenta es esto: la IA ha hecho posible automatizar por completo todo el proceso de creación de videos cortos.

En este capítulo, desglosaremos:

- Por qué los videos cortos funcionan tan bien
- Los elementos clave que los hacen volverse virales
- La ventaja de la IA para los creadores
- De dónde proviene el dinero
- Cómo empezar hoy mismo, incluso sin experiencia

1. Por qué los videos cortos dominan la atención

Las personas están más ocupadas que nunca. El promedio de atención ha caído a menos de 8 segundos. Por eso los videos cortos ganan. Son rápidos, entretenidos y adictivos. A los algoritmos les encantan. A los espectadores les encantan. Y los creadores pueden producir docenas en el tiempo que toma hacer un solo video largo.

Estadísticas que debes conocer:

- TikTok tiene más de 1.5 mil millones de usuarios.
- YouTube Shorts recibe más de 50 mil millones de vistas por día.
- El 90% de los usuarios de Instagram ven Reels semanalmente.

Los videos cortos son la nueva forma de comunicación, entretenimiento y marketing. Y tú puedes ser parte de esta ola, sin mostrar tu rostro ni usar equipos costosos.

2. Los 3 elementos que hacen que los videos cortos funcionen

Todo video corto viral combina estos elementos:

- **Gancho (0–3 segundos):** Debes detener el desplazamiento al instante. Usa frases impactantes, curiosidad o imágenes llamativas.
- **Ritmo (4–15 segundos):** Cortes rápidos, frases directas, transiciones visuales y efectos de sonido.
- **Resultado (10–30 segundos):** Entrega el remate, el consejo, el valor o el CTA (llamado a la acción).

Con IA, puedes ingresar un guion o un tema y generar todo esto de forma automática.

3. Por qué la IA nivela el terreno de juego

Supongamos que quieres crear un video sobre "3 formas de ahorrar dinero rápidamente".

Normalmente, necesitarías:

- Escribir un guion
- Grabar una voz en off
- Grabar imágenes
- Editar en un software
- Agregar subtítulos y música

Con herramientas de IA, todo este proceso se realiza en minutos:

- ChatGPT escribe el guion
- ElevenLabs o PlayHT narran con una voz de IA realista
- Pictory o InVideo generan el video usando material de apoyo
- Opus Clip o Wisecut convierten videos largos en Shorts
- CapCut o Descript agregan subtítulos y efectos

Ahora, cualquiera puede producir de 10 a 20 videos cortos en un solo día, sin aparecer en cámara.

4. Cómo los videos cortos te hacen ganar dinero

Una vez publicados, tus videos pueden generarte ingresos a través de:

- El Programa de Socios de YouTube (después de alcanzar 1,000 suscriptores + 10 millones de vistas en Shorts en 90 días)
- Enlaces de afiliados (herramientas, libros o productos)
- Contenido patrocinado
- Venta de productos digitales o cursos
- Acuerdos con marcas o venta de canales

No necesitas millones de vistas. Algunos creadores ganan entre $100 y $500 al día con Shorts automáticos y sin rostro que enlazan a ofertas de afiliados o imanes de leads.

5. Tu primer paso: empieza con un solo video

No necesitas construir una marca primero. Solo necesitas crear tu primer video usando herramientas de IA. Aquí tienes un flujo de trabajo simple:

Ejemplo: Tema del video – "3 herramientas de IA para ahorrar tiempo todos los días"

- Usa ChatGPT para escribir un guion de 60 palabras

- Sube el guion a ElevenLabs o PlayHT para crear el audio
- Usa Pictory o InVideo para generar los visuales y subtítulos
- Exporta y súbelo a TikTok, Reels y YouTube Shorts
- Agrega una descripción con un llamado a la acción o enlace de afiliado

Haz esto 5 veces por semana y observa cómo crecen tu tráfico y tus ingresos.

La historia de éxito de Lena

Lena estaba agotada.

Entre equilibrar su trabajo, cuidar a sus dos hijos e intentar pagar deudas, lo último que tenía era tiempo extra para "empezar un canal de YouTube". Pero seguía escuchando que la gente estaba ganando dinero publicando videos cortos, incluso sin aparecer en cámara.

Una noche, después de que los niños se durmieron, Lena vio una publicación en línea sobre cómo crear "videos sin rostro con IA". Escéptica pero curiosa, hizo clic.

El tutorial le mostró cómo usar ChatGPT para escribir un guion, ElevenLabs para generar la voz y Pictory para crear el video, todo en menos de 30 minutos. Decidió intentarlo.

Su primer video se tituló: *3 hábitos que te hacen pobre sin que te des cuenta.* Era corto, solo 38 segundos. Lo publicó en YouTube Shorts.

A la mañana siguiente, Lena revisó su teléfono.

1,327 vistas.

No podía creerlo. Sin cámara. Sin experiencia en edición. Sin grabar su voz. Solo herramientas de IA y unos minutos de esfuerzo.

Al final de la semana, sus cinco Shorts acumulaban 8,000 vistas totales y algunos clics en su enlace de afiliado. $24 ganados.

No parecía mucho... pero para Lena, era una señal.

Siguió adelante.

En tres meses, su canal superó los 1,000 suscriptores. Algunos de sus videos se volvieron semi virales, generando comisiones de afiliados e ingresos por anuncios. Se unió a comunidades de creadores con IA e incluso vendió su primer producto digital: una guía de presupuesto que creó con ChatGPT.

Su yo del pasado no lo habría creído.

Ahora gana más dinero con sus videos sin rostro creados con IA que en su trabajo tradicional, y tiene la libertad de tiempo que siempre soñó.

Todo porque se atrevió una vez... y presionó **Publicar**.

Capítulo 2: Herramientas de IA que necesitas para empezar

Crear videos con IA es rápido, fácil y escalable... pero solo si estás usando las herramientas correctas. En este capítulo, te guiaremos a través de las plataformas de IA exactas que necesitas, qué hace cada una y cómo combinarlas en un flujo de trabajo fluido para crear videos de formato corto que se vean profesionales y vendan.

Aprenderás:

- Las 5 categorías esenciales de herramientas
- Opciones gratuitas vs. de pago para cada una
- Ejemplos de flujos de trabajo usando estas herramientas
- Pros y contras de configuraciones todo-en-uno vs. modulares
- Consejos para elegir herramientas que se adapten a tu presupuesto y objetivos

Para crear videos cortos con IA, necesitarás herramientas de cinco categorías esenciales, cada una cumpliendo un rol específico en el proceso de creación de contenido. Primero, necesitarás una herramienta de escritura de guiones para generar textos concisos y atractivos. Herramientas como

ChatGPT y Jasper son ideales para esto, ya que ofrecen resultados creativos instantáneos adaptados a tu tema y tono.

La segunda categoría es la generación de voz. En lugar de grabar tu propio audio, plataformas como ElevenLabs y PlayHT te permiten producir locuciones realistas y con sonido humano usando IA, lo que cambia por completo el juego para los creadores de videos sin rostro.

La tercera categoría es la creación de video. Herramientas como InVideo, Pictory y Steve.AI te permiten combinar tu guion, audio e imágenes en un solo video pulido. Estas plataformas emparejan automáticamente el material visual con tu narración, ahorrándote horas de edición manual.

Una vez que el video está armado, entran en juego las herramientas de edición y subtítulos. CapCut, Descript y VEED facilitan la adición de texto dinámico, transiciones y efectos, ayudando a que tu contenido destaque y mejore la retención del espectador.

Por último, las herramientas de reutilización como Opus Clip y Wisecut son esenciales si trabajas con videos largos. Estas plataformas de IA identifican y extraen automáticamente los mejores momentos, los reformatean en vertical y los convierten en múltiples clips cortos listos para YouTube Shorts, TikTok y Reels.

Cada una de estas herramientas cumple un papel clave para construir un sistema de contenido eficiente y optimizado. Puedes combinarlas para crear un flujo de trabajo personalizado o usar una plataforma todo-en-uno, dependiendo de tus necesidades y nivel de experiencia.

2. Principales herramientas gratuitas y de pago por categoría

Veámoslo por tipo de herramienta:

Escritura de guiones
Gratis: ChatGPT (básico), Rytr
De pago: Jasper.ai (mejor para guiones de marketing)

Generación de voz
Pruebas gratuitas: PlayHT, ElevenLabs
De pago: ElevenLabs (alta calidad), Murf.ai (buena para videos de formación)

Creación de video
Gratis: Canva (plantillas de video), Lumen5
De pago: Pictory (ideal para convertir guiones), InVideo (plantillas fáciles)

Edición y subtítulos
Gratis: CapCut (excelente en móvil), DaVinci Resolve

De pago: Descript (edición impulsada por IA), VEED (basado en navegador)

Herramientas de reutilización

Prueba gratuita: Opus Clip

De pago: Wisecut, Opus Clip (ideal para recortar contenido largo)

3. Flujo de trabajo de ejemplo con IA: TikTok de 1 minuto

Supongamos que quieres crear un TikTok sobre "3 apps que te ahorran tiempo todos los días". Aquí tienes un flujo de trabajo sencillo:

- **Guion:** Usa ChatGPT para generar un guion de 60 palabras.
- **Voz:** Pega el guion en ElevenLabs y exporta el audio.
- **Video:** Sube el audio a Pictory y deja que genere automáticamente los visuales.
- **Edición:** Usa CapCut para recortar, añadir subtítulos e incluir un CTA.
- **Publicación:** Sube el video a TikTok, Reels y Shorts.

Tiempo: menos de 25 minutos.

Costo: gratis (o menos de $10/mes si usas herramientas de pago).

4. Herramientas modulares vs. todo-en-uno

Puedes optar por:

- **Configuración modular (mejor para personalización):** Cada herramienta hace una tarea específica muy bien. Más control.
- **Todo-en-uno (mejor para velocidad):** Herramientas como InVideo o Canva ofrecen guion, visuales y voz en una sola plataforma.

Pros del enfoque modular:

- Mayor calidad
- Más flexibilidad

Contras:

- Proceso un poco más largo
- Puede requerir suscripciones a 2–3 herramientas

Pros del todo-en-uno:

- Muy rápido
- Ideal para principiantes

Contras:

- Puede carecer de funciones avanzadas

- Resultados genéricos si no se personaliza

5. Selección de herramientas según tu objetivo

Objetivo — Herramientas recomendadas

- Shorts de YouTube rápidos y sin rostro: ChatGPT + ElevenLabs + Pictory + CapCut
- TikToks a partir de videos largos: Opus Clip + CapCut + VEED
- Trabajo para agencias o clientes: Jasper + Murf + Descript + Canva
- Crear y vender plantillas: InVideo + ChatGPT + Canva

Consejo: empieza con pruebas gratuitas para evaluar qué tan cómodo te sientes con el flujo de trabajo antes de comprometerte.

Ahora, hablemos de Tyrone y su historia inspiradora. Tyrone siempre estuvo interesado en el video, pero entre su trabajo de tiempo completo y la falta de habilidades de edición, nunca pensó que fuera algo que pudiera perseguir.

Hasta que apareció la IA.

Un viernes por la noche, se sentó con un objetivo simple: crear un YouTube Short sin rostro. Había escuchado que ahora se podía usar IA para todo — escribir, locuciones e incluso edición — pero no lo creyó hasta que lo probó.

Escribió un prompt en ChatGPT:
"Escribe un guion de 45 segundos para un YouTube Short sobre 3 herramientas de IA gratuitas que cualquiera puede usar."

¿El resultado? Un guion directo y atractivo en menos de 30 segundos.

Luego abrió ElevenLabs. Copió el guion, eligió una voz masculina calmada, presionó "generar" y listo: audio realista, listo para usar.

Aún dudando de que esto realmente funcionara, subió el archivo de voz a Pictory. La plataforma generó un video limpio con material de stock, transiciones dinámicas e incluso añadió automáticamente el guion como subtítulos. Exportó el video y lo pulió en CapCut con unos cuantos deslizamientos en su teléfono.

Vio el resultado final. "Esto parece algo hecho por un editor profesional", pensó.

A la mañana siguiente, lo subió a YouTube Shorts. Sin expectativas.

Esa semana, el video alcanzó 9,000 vistas. Los comentarios comenzaron a llegar. Un usuario preguntó: "¿Qué herramienta usaste para la voz? ¡Suena increíble!"

Tyrone respondió... y dejó un enlace de afiliado.

Tres semanas después, había subido 12 videos más usando la misma combinación de herramientas de IA. Su canal superó los 500 suscriptores. Más importante aún, ganó sus primeros $108 en comisiones de afiliados, todo con videos creados con IA en los que nunca tuvo que grabarse ni aparecer.

Tyrone quedó enganchado.

Creó una hoja de cálculo personal con su flujo de trabajo:
ChatGPT → ElevenLabs → Pictory → CapCut → Publicar

Construyó una rutina diaria alrededor de eso. Y en menos de dos meses, su pequeño canal sin rostro comenzó a generar $500 al mes en ingresos recurrentes, solo por vistas y enlaces.

Se dio cuenta de algo poderoso: no necesitaba herramientas sofisticadas ni experiencia previa. Solo necesitaba las herramientas de IA correctas... y la decisión de empezar.

Capítulo 3: Guiones para videos cortos: ganchos, estructura y storytelling en 30 segundos

Cuando se trata del éxito en videos de formato corto, el guion es la base de todo. Ya sea que uses visuales generados por IA o material de stock, nada de eso importa si las palabras no captan la atención y entregan valor. Un gran guion para un video corto no requiere escritura sofisticada; requiere estructura, claridad y, sobre todo, velocidad. Todo el mensaje debe comunicarse en 15 a 60 segundos, a veces incluso menos. Por eso es esencial tener un gancho fuerte, un desarrollo conciso y un cierre poderoso.

Todo comienza con el **gancho**. Solo tienes de uno a tres segundos para detener el desplazamiento. Los mejores ganchos despiertan curiosidad, hacen una afirmación audaz o prometen valor de inmediato. Frases como "Estás haciendo esto mal", "Esto es lo que nadie te dice" o "3 cosas que ojalá hubiera sabido antes" obligan al espectador a detenerse y escuchar. Si el gancho falla, el resto del video no importa. Herramientas de IA como ChatGPT o Jasper pueden ayudarte a generar docenas de opciones de ganchos simplemente pidiendo: "Dame 10 ganchos virales para un video sobre [tu tema]".

Después del gancho viene el **cuerpo**, el núcleo del mensaje. Aquí es donde entregas el valor. Puede ser tres consejos rápidos, una mini historia, un error a evitar o una idea única. La claridad es clave. Usa frases cortas. Habla de forma directa. Evita divagar. Piensa en cada oración como un golpe que mantiene al espectador enganchado. En términos de IA, puedes pedirle a ChatGPT que escriba tu video en un formato de 3 líneas: gancho, mensaje central y CTA (llamado a la acción). También puedes entrenarlo según tu tono diciendo: "Haz que suene como Alex Hormozi" o "Escribe como la introducción de MrBeast".

Finalmente, el **cierre o CTA** es lo que deja al espectador con una sensación de cierre. En videos enfocados en valor, el cierre es la idea o consejo final que lo une todo. Para monetización, puede ser "Haz clic en el enlace en la bio", "Descarga la guía gratuita abajo" o "Sígueme para más". El objetivo es dejar al espectador satisfecho y con ganas de más. La IA puede ayudarte a generar llamados a la acción según tu objetivo, ya sea enlaces de afiliados, venta de cursos o simplemente crecer seguidores.

Escribir guiones para videos cortos se trata de **velocidad y repetición**. No intentes perfeccionar cada uno. Usa plantillas. Por ejemplo, una fórmula simple como "Gancho + Consejo #1 + Consejo #2 + Consejo #3 + CTA" funciona de maravilla para

TikToks o Reels. Puedes pedirle a ChatGPT que genere múltiples variaciones y elegir la mejor. Algunos creadores van aún más lejos y crean lotes de 10 a 20 guiones en una sola sesión, los envían a su generador de video con IA y programan una semana completa de contenido en un solo día.

Los grandes guiones no tienen que ser largos. De hecho, un video de 30 segundos puede tener solo 50 a 70 palabras. La verdadera habilidad está en elegir palabras que impacten más de lo que aparentan. Usa verbos activos, afirmaciones audaces y lenguaje cercano. Di "Ahorra 3 horas al día con esto" en lugar de "Esto podría ser útil para mejorar tu gestión del tiempo". Mantenlo audaz, específico y rápido. Combina esta fórmula de guion con voces de IA y herramientas de subtítulos automáticos, y podrás producir contenido potente todos los días con facilidad.

A Samantha siempre le habían dicho que tenía "una buena voz para la radio", pero la idea de hacer videos nunca se le había pasado por la cabeza. No era una persona técnica. No tenía cámara ni luces sofisticadas. Simplemente le gustaba compartir consejos de vida con sus amigos. Un día, mientras navegaba por TikTok, vio un clip corto titulado "3 señales de que estás desperdiciando dinero sin darte cuenta". Era solo un video sin rostro, con texto en pantalla y una voz robótica, pero tenía más de 1.4 millones de vistas.

Ese fue su momento de revelación. "Yo podría hacer esto", pensó. Esa misma noche abrió su laptop, inició ChatGPT y escribió: "Escribe un guion corto en 3 partes sobre 3 formas de mejorar el presupuesto". En menos de 10 segundos, obtuvo un guion completo con un gancho audaz: "Si estás sin dinero antes del día 15 del mes, mira esto". Era directo, real y sonaba exactamente como ella hablaba. Lo copió y lo pegó en ElevenLabs para generar la locución. Luego usó Pictory para crear los visuales. Así, nació su primer video.

Lo publicó en Instagram Reels y se fue a dormir. A la mañana siguiente tenía 2,100 vistas. No era viral, pero era mucho más de lo que esperaba. Siguió adelante. Empezó a usar una fórmula: Gancho + 3 Consejos + CTA. "Si siempre estás cansado, prueba esto", seguido de tres trucos rápidos de estilo de vida. "Si tu puntaje de crédito es malo, aquí tienes qué hacer", seguido de sus apps favoritas. Con cada publicación, probaba diferentes CTAs: "Sígueme para más", "Envíame un DM para la guía", "Enlace en la bio".

En pocas semanas, tenía una audiencia. No enorme, pero comprometida. Algunos videos superaron las 10,000 vistas. Comenzó a ganar ingresos por afiliados con las herramientas de presupuesto que enlazaba en su biografía. Y empezó a amar el proceso creativo. No se trataba de ser perfecta. Se trataba de transmitir su mensaje en 30 segundos. Usaba ChatGPT todos los días, no porque no supiera escribir, sino porque le ayudaba a generar ideas más rápido y le daba más tiempo para enfocarse en ellas.

Un día, miró su panel y vio que había ganado $217 en una sola semana con solo unos pocos videos cortos. Eso era casi lo que pagaba de electricidad. Todo a partir de guiones que creó en minutos usando IA. Samantha no era cineasta. No era influencer. Era una persona real con consejos reales... y ahora tenía un ingreso digital en crecimiento, construido sobre guiones cortos y simples que impactaban fuerte y hacían que la gente volviera por más.

Capítulo 4: Crear videos sin mostrar el rostro con IA — sin cámara, sin problema

Uno de los aspectos más poderosos de la creación de videos con IA es la posibilidad de producir contenido atractivo sin mostrar nunca tu rostro. Esto es un cambio total de juego para creadores que valoran su privacidad, sienten timidez frente a la cámara o simplemente quieren escalar la producción de contenido más rápido. Con las herramientas de IA actuales capaces de generar guiones, locuciones, material de video e incluso avatares, las barreras tradicionales de entrada han desaparecido. En este capítulo aprenderás a crear videos sin rostro de alta calidad usando únicamente una laptop o un smartphone y un flujo de trabajo inteligente.

El primer paso es entender la **estructura de un video sin rostro**. La mayoría sigue este flujo simple: un gancho (con texto o voz en off), una secuencia de clips o animaciones visualmente atractivas que respalden tu mensaje y un llamado a la acción. En lugar de mostrar tu cara, los visuales pueden ser material de stock, personajes animados, texto en pantalla o B-roll relacionado con tu guion. Plataformas como Pictory, InVideo y Lumen5 hacen este proceso increíblemente fácil. Subes un guion o un archivo de audio y la plataforma selecciona automáticamente los visuales, transiciones y animaciones adecuadas.

La **voz en off** es el siguiente elemento clave. No tienes que narrar el video tú mismo: herramientas como ElevenLabs, PlayHT o Murf generan voces de IA realistas en una variedad de tonos, acentos e idiomas. Solo tienes que pegar tu guion, elegir una voz y exportar el audio. Luego, estas locuciones se integran al video en pocos clics. Por ejemplo, usando Pictory puedes subir la voz en off y la plataforma sincroniza automáticamente los visuales con la narración, haciendo el proceso fluido.

Para mantener a los espectadores interesados, también querrás **añadir subtítulos y texto dinámico**. La mayoría de las personas ve videos cortos sin sonido, especialmente en el móvil. Herramientas como CapCut, Descript y VEED transcriben automáticamente tu video y agregan subtítulos animados, lo que aumenta el tiempo de visualización y la interacción. CapCut es especialmente popular porque es fácil de usar en el teléfono y ofrece plantillas inspiradas en creadores top. Si usas una plataforma como InVideo, puedes personalizar fuentes, animaciones y tiempos para mantener el contenido visualmente atractivo.

El secreto de los videos sin rostro efectivos es el **storytelling visual**. No se trata solo de colocar material de stock en una línea de tiempo, sino de curar un viaje visual que coincida con la emoción o el tono de tu guion. Si tu video es motivacional, usa música inspiradora y visuales activos como amaneceres, personas corriendo o rostros sonrientes. Si es financiero, muestra clips de hojas de cálculo, tarjetas de crédito o billetes. Deja que los visuales amplifiquen el mensaje, incluso sin una persona en pantalla. Puedes guiar a las herramientas de IA ajustando palabras clave o cambiando clips manualmente para que la historia quede más clara.

Finalmente, tu video sin rostro está listo para **publicarse**. Expórtalo en formato vertical (9:16) para TikTok, Reels y Shorts. Asegúrate de que dure entre 15 y 60 segundos, incluya texto en pantalla y termine con un CTA claro. A partir de un solo guion, puedes reutilizar tu video en tres o más plataformas, multiplicando tu alcance sin trabajo adicional. Cuanto más practiques este proceso, más rápido te volverás. Con el tiempo, podrás crear de 5 a 10 videos sin rostro al día que se vean profesionales y conviertan espectadores en seguidores, clientes o comisiones.

Hablemos ahora de **Diego**.

Diego siempre admiró a los creadores que hablaban con confianza frente a la cámara, pero sabía que eso no era para él. No le gustaba cómo se veía en video, odiaba grabarse y se encogía cada vez que escuchaba su propia voz. Durante años, esa inseguridad le impidió intentar construir una presencia en línea. Pero todo cambió cuando descubrió que podía crear videos sin rostro, impulsados completamente por IA.

Todo comenzó cuando encontró un canal de YouTube con más de 300,000 suscriptores. Cada video era corto, sin rostro y extrañamente hipnótico. El texto flotaba en la pantalla. El material de stock se reproducía de fondo. Una voz robótica y calmada transmitía mensajes poderosos. Diego investigó más y descubrió que el creador usaba herramientas como ElevenLabs y Pictory. "Espera... yo podría hacer esto", pensó. Esa misma noche lo intentó.

Abrió ChatGPT y le pidió que escribiera un guion motivacional de 45 segundos sobre no rendirse. El resultado fue claro e impactante. Pegó el guion en ElevenLabs, seleccionó una voz masculina cálida y segura, y exportó el audio. Luego subió la voz en off a Pictory, añadió el guion y dejó que la IA hiciera el resto. En minutos, el sistema armó un video con clips de amaneceres, personas escalando montañas y textos llamativos. Ajustó algunos visuales y exportó el corte final.

Nervioso pero emocionado, Diego publicó el video en YouTube Shorts e Instagram Reels. Al principio se sintió extraño: él no aparecía en absoluto. Pero a la mañana siguiente, el video tenía más de 3,000 vistas. La gente comentaba cosas como "Necesitaba esto hoy" y "Guardado para después". Eso le llegó de verdad. No necesitaba ser visto para causar impacto. Solo tenía que compartir un mensaje y dejar que las herramientas hicieran el resto.

Diego construyó un sistema. Cada semana escribía 10 guiones con ChatGPT. Les daba voz con ElevenLabs. Creaba los videos con Pictory y los editaba con CapCut. Los programaba en lote con Meta Business Suite y YouTube Studio. En dos meses, había publicado más de 40 videos sin rostro, y tres de ellos se volvieron semi virales. Uno alcanzó 80,000 vistas. Otro fue compartido por una página grande. Sus enlaces de afiliado comenzaron a generar ingresos: pequeños al principio, pero creciendo de forma constante.

Lo que más lo sorprendió no fue el dinero, sino la **confianza** que ganó. Ya no se sentía un extraño en el mundo de la creación de contenido. La IA le había dado una voz, sin el miedo de estar frente a la cámara. Y ahora estaba construyendo una marca sin rostro que inspiraba a miles, un video generado con IA a la vez.

Capítulo 5: Reutilizar un video en más de 10 Shorts usando IA (de contenido largo a clips virales)

Crear videos cortos de alto rendimiento a partir de contenido largo es una de las formas más eficientes y escalables de hacer crecer una audiencia, generar tráfico y monetizar en línea. En lugar de grabar contenido nuevo constantemente, los creadores inteligentes ahora graban un solo video largo —como un pódcast, un webinar, un tutorial o un vlog— y utilizan herramientas de IA para generar automáticamente docenas de clips cortos y atractivos a partir de él. Este enfoque ahorra tiempo, multiplica tu alcance y te permite construir una biblioteca de contenido que trabaja para ti las 24 horas del día, los 7 días de la semana.

En el centro de esta estrategia están las **herramientas de reutilización impulsadas por IA**. Plataformas como Opus Clip, Wisecut y Vidyo.ai analizan videos largos y extraen los momentos más atractivos según el contenido, el tono, las expresiones faciales, las señales de interacción e incluso palabras clave. Estas herramientas dividen tu video en clips cortos, los recortan automáticamente al formato vertical y agregan subtítulos dinámicos, emojis y transiciones, todo sin que tengas que editar manualmente. Subes tu video largo y, en cuestión de minutos, recibes una colección de 10, 20 o más Shorts listos para publicar.

Este flujo de trabajo es una mina de oro para creadores de cursos, youtubers, podcasters, coaches y dueños de negocios que ya tienen videos largos guardados en sus discos duros. Imagina tomar una grabación de Zoom de 30 minutos y convertirla en 15 Reels o TikToks de alta calidad en menos de una hora. Cada video corto puede dirigir a los espectadores a tu contenido completo, tu lista de correos, tu página de producto o tu canal de YouTube. Y como los videos cortos son favorecidos por los algoritmos de Instagram, YouTube y TikTok, obtienes exposición con una fracción del esfuerzo.

Para empezar, elige un video largo que contenga momentos valiosos: historias, consejos, opiniones fuertes o ideas clave. Súbelo a una herramienta como Opus Clip. La IA detectará automáticamente los clips con potencial de gancho, analizará el discurso y cortará el contenido en Shorts verticales, agregando subtítulos y ediciones. Luego puedes previsualizar los clips, eliminar los que no encajen con tu mensaje y descargar los que sí. Estos clips pueden programarse en varias plataformas, cada uno con un título, descripción y CTA personalizados que enlacen a tu oferta o video principal.

La **consistencia** es clave. Muchos creadores desarrollan un sistema: graban un video largo de 20 a 60 minutos cada semana y dejan que la IA lo convierta en contenido corto diario. También puedes combinar esta estrategia con el trabajo por lotes. Por ejemplo, dedica un día a grabar cuatro videos largos y usa herramientas de reutilización para generar más de 50 videos cortos para todo el mes. Si realizas entrevistas, respondes preguntas frecuentes o presentas en vivo, todo se convierte en materia prima para Shorts que siguen construyendo tu marca y tu negocio.

¿La mejor parte? No necesitas ser youtuber o influencer a tiempo completo para que esto funcione. Ya seas coach buscando generar leads, afiliado promocionando herramientas o educador construyendo autoridad, la reutilización con IA te permite maximizar cada pieza de contenido que creas. Un buen video se convierte en todo un ecosistema de contenido y, con las herramientas adecuadas, el proceso puede ser completamente automatizado.

La historia del nuevo negocio de Shorts de Maya

Maya dirigía un pequeño canal de educación financiera en YouTube. Subía videos semanales enseñando a las personas a manejar su dinero, construir crédito y evitar trampas de deuda. Sus tutoriales eran claros y útiles, pero las vistas avanzaban lento. Un video podía obtener entre 300 y 400 vistas. Ocasionalmente alcanzaba 1,000. Aun así, sentía que su mensaje no llegaba a quienes más lo necesitaban.

Un día, otro creador le escribió y le dijo: "Deberías convertir esos videos en Shorts. Estás sentada sobre una mina de oro". Maya dudó. "No tengo tiempo para cortar todos mis videos", respondió. Fue entonces cuando su amigo le presentó Opus Clip, una herramienta de IA que podía tomar sus videos largos y generar automáticamente clips cortos con subtítulos, transiciones y ediciones llamativas. Maya decidió probarla.

Subió uno de sus videos antiguos: un tutorial de 22 minutos sobre cómo reconstruir el crédito después de un tropiezo financiero. En minutos, Opus Clip le devolvió 13 videos cortos. Cada uno duraba entre 30 y 60 segundos, ya formateados en vertical con la proporción correcta, subtítulos llamativos y texto resaltado sincronizado con su voz. Apenas tuvo que tocarlos. Eligió sus 8 clips favoritos, los subió a TikTok, YouTube Shorts e Instagram Reels y añadió un llamado a la acción que enlazaba a su video completo.

Al final de la semana, tres de esos Shorts habían superado las 5,000 vistas. Uno llegó a 18,000. Los comentarios no paraban: "Esto es justo lo que necesitaba hoy", "¿Tienes más videos sobre esto?" y "¡Suscrito!". Maya no lo podía creer. El contenido que ya había creado —y que pensó que estaba terminado y olvidado— ahora trabajaba más duro que nunca gracias a la IA.

Animada, subió más videos largos a Opus Clip. Una sesión de preguntas y respuestas de 40 minutos se convirtió en 22 Shorts. Un episodio de pódcast se transformó en 19 Reels. De repente, publicaba contenido todos los días sin grabar nada nuevo. Su lista de correos empezó a crecer. Las comisiones de afiliados se duplicaron. Y YouTube finalmente la aprobó para monetización.

Lo que antes le tomaba 5–6 horas a la semana ahora le llevaba solo 90 minutos. Dedicó su tiempo a interactuar con su audiencia, crear un curso y optimizar sus imanes de leads. Mientras tanto, sus Shorts editados con IA atraían nuevos espectadores las 24 horas del día. Maya pasó de estar abrumada y con pocas vistas a automatizada y ampliamente vista, simplemente reutilizando lo que ya había creado, con la ayuda de herramientas inteligentes de IA.

Capítulo 6: Monetizar tus videos: enlaces de afiliados, ingresos por anuncios, productos y más

Crear videos es emocionante, pero convertir esos videos en ingresos es donde está la verdadera oportunidad. Gracias a las herramientas de IA y a las plataformas de formato corto, la monetización ya no está limitada a influencers con millones de seguidores. Hoy en día, incluso los creadores pequeños pueden generar ingresos constantes a través de múltiples fuentes, muchas veces con videos que tomaron menos de una hora en producirse. Este capítulo explica cómo monetizar tu contenido creado con IA de manera efectiva utilizando marketing de afiliados, ingresos por anuncios, venta de productos, patrocinios y generación de leads.

Una de las formas más rápidas de empezar a ganar dinero es a través del **marketing de afiliados**. Esto significa que recomiendas un producto o herramienta en tu video y, si alguien compra usando tu enlace único, tú ganas una comisión. La gran ventaja de los videos cortos es su capacidad para generar tráfico rápidamente. Plataformas como TikTok e Instagram te permiten colocar tu enlace de afiliado en tu biografía o en un Linktree. Simplemente terminas el video con un CTA como “Haz clic en el enlace de la bio para probar esta herramienta" o "Descarga mi guía gratuita abajo". Por ejemplo, si tu video trata sobre ahorrar tiempo con IA, puedes enlazar al programa de afiliados de una herramienta de IA y ganar cada vez que alguien se registre.

YouTube Shorts también ofrece monetización a través del **Programa de Socios de YouTube (YPP)**. Aunque los requisitos para monetizar Shorts son diferentes a los del contenido largo, los creadores que alcanzan 10 millones de vistas en 90 días y cumplen con el mínimo de suscriptores pueden calificar para ingresos por anuncios. Estos pagos suelen ser menores por vista que los de videos largos, pero el volumen puede compensarlo. Además, YouTube ofrece bonos, fondos para creadores y funciones de compras para creadores de Shorts elegibles. Si creas contenido en lote y publicas de forma constante, incluso un canal pequeño puede desbloquear estas fuentes de ingresos en pocos meses.

Los **productos digitales** son otra opción muy rentable. Piensa en ebooks, plantillas, cursos o swipe files, todos los cuales pueden crearse rápidamente usando IA. La estrategia es simple: usa tus videos para compartir un consejo de tu producto y luego dirige a los espectadores a un imán de leads o a una página de ventas. Por ejemplo, un video titulado "3 herramientas de IA que me ahorraron 20 horas el mes pasado" puede enlazar a un kit de productividad de $9 creado con

ChatGPT. Obtienes visibilidad con el video y ganancias con tu producto, sin inventario ni costos de entrega.

Los **patrocinios** también están cada vez más al alcance de los creadores sin rostro. Las marcas están entendiendo que no se trata de la cara del creador, sino de su audiencia y nivel de interacción. Si tus videos cortos llegan de forma constante a un nicho específico —como usuarios de tecnología, estudiantes, freelancers o dueños de pequeños negocios—, las empresas pueden pagarte por mencionar su producto. Puedes contactar marcas directamente, listar tus tarifas en plataformas como Passionfroot o Beacons, o añadir un CTA en tu video como "Patrocinado por [Marca]". A medida que crece tu catálogo de videos, también crecen tus oportunidades.

Por último, no subestimes la **generación de leads**. Si ofreces un servicio —coaching, consultoría, trabajo freelance o incluso un boletín—, tus videos pueden dirigir a los espectadores directamente a tu negocio. Por ejemplo, un video sobre "3 errores que cometen los nuevos inversionistas" puede enlazar a un checklist gratuito en PDF, que recopila correos electrónicos y hace crecer tu lista. Luego, esa lista puede utilizarse para vender cursos, libros u ofertas de mayor valor. Con la IA encargándose de la producción de videos y la creación de páginas de aterrizaje, todo tu embudo puede ser automatizado y escalable.

Los creadores más exitosos combinan dos o más de estas estrategias. Por ejemplo, monetizan con enlaces de afiliados a corto plazo, venden productos digitales a mediano plazo y construyen listas de correo para el crecimiento del negocio a largo plazo. El secreto está en la **consistencia y la optimización**. Usa las analíticas para ver qué videos funcionan mejor, qué CTAs generan clics y dónde abandonan los espectadores. Duplica lo que funciona y observa cómo tu contenido en video se convierte en una máquina de ingresos rentable, todo impulsado por IA.

El mini curso de $17 de Elijah

Elijah no era nuevo en la creación de contenido. Había probado con pódcasts, blogs e incluso tuvo un pequeño canal de YouTube, pero nada le generaba ingresos constantes. Siempre se sentía como un desgaste: mucho contenido y poco resultado. Todo cambió cuando se topó con un creador que mencionaba ganar más de $1,000 al mes solo con enlaces de afiliados en videos cortos. Intrigado, Elijah decidió intentarlo en serio. No quería aparecer en cámara, así que recurrió a la IA.

Usando ChatGPT, escribió 10 guiones cortos sobre presupuestos y ahorro de dinero. Les dio voz con ElevenLabs, creó los videos con Pictory y los editó en CapCut. Luego subió un video corto al día en TikTok, Instagram Reels y YouTube Shorts. Al final de cada video, añadía un llamado a la acción: "Descarga mi checklist gratuito de presupuesto – enlace en la bio". Ese checklist llevaba a una página de aterrizaje con sus ofertas de afiliados: apps de presupuesto, herramientas para construir crédito y cursos de finanzas.

En las primeras dos semanas no pasó mucho. Algunas vistas aquí y allá. Luego, uno de sus videos –"Cómo dejar de desperdiciar $300 al mes sin darte cuenta"– alcanzó 40,000 vistas en Instagram Reels. Su lista de correos creció en 218 suscriptores en tres días. Su panel de afiliados mostraba $94 en comisiones. No era dinero que cambiara la vida, pero demostraba que el sistema funcionaba. Ese video, creado en 25 minutos usando herramientas de IA, ahora generaba clics diarios e ingresos pasivos.

Motivado, Elijah creó un **mini curso de $17** sobre presupuestos para principiantes, escrito completamente con ChatGPT y narrado con su voz de IA. Lo enlazó en su secuencia de bienvenida por correo y empezó a ver ventas. $17 aquí, $17 allá. Un día se despertó con tres ventas seguidas y $51 en su cuenta de Stripe. Luego añadió un patrocinio: una app de presupuesto que le ofreció pagarle $150 por mencionar su herramienta en cinco videos. Todo esto surgió de una serie de videos sin rostro que había comenzado menos de dos meses antes.

Lo que más sorprendió a Elijah fue lo **repetible** que se volvió el proceso. Su sistema era simple: crear en lote, programar y dirigir al embudo. Una sola tarde larga de sábado escribiendo y editando le daba contenido monetizado para todo un mes. Ya no sentía que perseguía seguidores. En su lugar, estaba construyendo activos: videos cortos que vivían para siempre en internet, cada uno funcionando como un pequeño vendedor activo las 24 horas del día.

No necesitaba volverse viral. Solo necesitaba consistencia. Diez vistas se convirtieron en 100. Una venta se convirtió en decenas. Con el tiempo, superó los 1,000 suscriptores en YouTube y calificó para monetización. Su lista de correos superó las 1,500 personas. Y su embudo de video —construido con herramientas de IA y una estrategia de contenido simple— ahora generaba más ingresos que cualquiera de sus proyectos anteriores.

Capítulo 7: Escalar tu negocio de videos: creación en lote, programación y automatización del crecimiento con IA

Crear algunos videos es una cosa, pero construir una fuente de ingresos sostenible con video requiere **sistemas**. Si pasas horas todos los días creando contenido, terminarás agotándote. Por eso, los creadores más exitosos impulsados por IA no solo hacen videos: los crean en lote, los programan y automatizan toda su operación de contenido con herramientas inteligentes. Este capítulo te mostrará cómo convertir tu proceso de creación de videos en una máquina optimizada que trabaje para ti, y no al revés.

El primer pilar para escalar es la **creación en lote (batching)**. En lugar de crear videos uno por uno, bloqueas unas pocas horas cada semana para producir contenido en volumen. Esto te permite entrar en un estado de flujo creativo, reduce los cambios de contexto y ahorra tiempo. Por ejemplo, puedes crear 10 guiones el lunes usando ChatGPT, generar 10 locuciones con ElevenLabs el martes, crear 10 videos con Pictory o InVideo el miércoles y finalizar y programar todo con CapCut o VEED el jueves. En una sola semana, tendrás listo un mes completo de contenido diario, sin prisas de último minuto.

Luego viene la **programación**. Una vez que tus videos están creados y subtitulados, necesitas publicarlos de forma constante. Publicar manualmente todos los días consume mucho tiempo, así que usa herramientas de programación. Para Instagram y Facebook Reels, utiliza **Meta Business Suite**. Para YouTube Shorts, usa el programador nativo de **YouTube Studio**. TikTok también ofrece programación desde cuentas empresariales a través de su cargador de escritorio o con herramientas como **Metricool** y **Buffer**. Estas plataformas te permiten definir fechas de publicación, añadir descripciones, incluir hashtags e incluso monitorear el rendimiento, todo desde un solo panel.

La **automatización** es el siguiente nivel. Con **Make.com** o **Zapier**, puedes conectar tus carpetas de video, herramientas de transcripción y plataformas sociales para construir un flujo completamente automatizado. Por ejemplo, puedes crear una automatización en la que subir un video a Google Drive active un flujo que lo envíe a tu programador, agregue los hashtags correctos desde una hoja de cálculo y actualice un calendario de contenido en Notion. Incluso puedes hacer que herramientas de IA generen descripciones diarias o sugerencias de CTA, reduciendo la fatiga de decisión y acelerando la publicación.

La **reutilización (repurposing)** es otra estrategia clave para escalar. Cada video que crees debería usarse al menos de tres maneras. Un YouTube Short se convierte en un TikTok, un Instagram Reel y un Idea Pin de Pinterest. El audio se transforma en pódcast. El guion se convierte en una imagen con cita o en un carrusel. Usa herramientas como **Repurpose.io**, **Canva** y **ContentFries** para adaptar una pieza de contenido a cinco o más formatos con un esfuerzo mínimo. Con este sistema, ya no eres solo un creador: estás dirigiendo una máquina de contenido.

Por último, crea un **panel de control** para gestionar toda tu operación de contenido. Ya sea que uses Notion, Trello o Airtable, haz seguimiento de tus ideas, el estado de producción, el calendario de publicación y las métricas de rendimiento. Etiqueta los videos por tema, identifica cuáles convierten mejor y usa esos datos para mejorar. Esto te permitirá tomar decisiones más inteligentes sobre qué escalar y de dónde provienen realmente tus ingresos.

El objetivo no es crear más, sino **crear de forma inteligente**. La creación en lote, la programación y la automatización te permiten publicar a diario trabajando solo una vez por semana. Esto libera tiempo para probar ofertas, lanzar productos o incluso iniciar nuevos canales. Con el sistema adecuado, tu negocio de videos se convierte en un motor casi automático que crece estés trabajando o no.

El sistema en piloto automático de Jasmine

Jasmine llevaba tres meses creando videos de formato corto sin parar. Al principio le encantaba el proceso: generar ideas, convertirlas en guiones y verlas cobrar vida con herramientas de IA. Pero con el tiempo empezó a sentirse abrumada.. Publicaba todos los días, editaba hasta tarde y siempre iba a contrarreloj. Los resultados crecían, pero su energía caía rápidamente. Algo tenía que cambiar.

Una mañana, mientras escuchaba un pódcast sobre productividad, oyó una frase que se le quedó grabada: *"No necesitas trabajar más duro, necesitas sistematizar."* Ese fue su punto de inflexión. Jasmine decidió dejar de tratar su contenido de video como una tarea diaria agotadora y empezar a tratarlo como un negocio. Se sentó y diseñó un nuevo plan semanal: los lunes serían para escribir guiones; los martes, para locuciones; los miércoles, para producción de video; los jueves, para ediciones finales; y los viernes, descanso o ajustes. Todo estaría programado, creado en lote y automatizado.

Comenzó usando ChatGPT para escribir 10 guiones en una sola sesión. Luego usó ElevenLabs para convertirlos en locuciones pulidas en cuestión de minutos. Los miércoles subía los audios a Pictory, dejaba que la IA generara los videos y exportaba todo a una carpeta en Google Drive. Con CapCut añadía subtítulos y ajustes finales. Para el jueves, su contenido estaba listo. Programaba las publicaciones con Meta Business Suite para Instagram y Facebook, y con YouTube Studio para Shorts. Los TikToks se subían usando una herramienta de programación. Ahora, cada semana, tenía entre 10 y 15 videos publicándose en piloto automático, mientras ella se enfocaba en mejorar su estrategia.

Los resultados se dispararon. Sin la presión diaria de crear, sus videos se volvieron más claros y atractivos. Tenía tiempo para probar diferentes ganchos, analizar qué funcionaba y adaptarse. Creó un tablero en Notion para seguir su flujo de contenido, desde ideas hasta publicaciones. Etiquetó cada video por nicho, plataforma y CTA. Vio con claridad que los videos con títulos en formato lista y ofertas de afiliados convertían mejor. Solo ese insight le permitió duplicar sus comisiones mensuales.

A medida que su contenido crecía, también lo hacía su confianza. Jasmine lanzó un segundo canal sin rostro en otro nicho. Reutilizó su sistema de creación en lote, duplicó sus automatizaciones con Make.com y externalizó los subtítulos usando IA. Lo que antes se sentía como un esfuerzo constante ahora funcionaba como una máquina. Su audiencia creció a decenas de miles. Las ventas de sus productos digitales aumentaron. Y por fin tuvo tiempo para descansar, sabiendo que su negocio de contenido estaba escalando con **sistemas**, no con estrés.

Capítulo 8: Construir una marca sin rostro que perdure — longevidad, confianza y comunidad sin mostrar tu cara

Muchas personas creen que es necesario mostrar el rostro para generar confianza en internet. Pero eso ya no es cierto. Gracias al auge de las herramientas de IA, la generación de voz, el storytelling con avatares y el contenido sin rostro, miles de creadores están construyendo marcas poderosas y rentables sin ponerse nunca frente a una cámara. La clave no es mostrar tu cara; es mostrar **consistencia, valor y personalidad** a través de tu contenido. En este capítulo, veremos cómo construir una marca sin rostro que genere confianza, atraiga seguidores y cree un impacto a largo plazo.

Primero, entiende que la **marca va más allá de lo visual**. Una marca fuerte se construye con una voz reconocible, un mensaje claro y valor repetido. Ya sea que tu contenido tenga voz generada por IA o esté completamente curado con subtítulos y visuales, tu audiencia empezará a reconocer tu tono, tu formato y tus temas. Ese reconocimiento crea familiaridad, y la familiaridad crea confianza. Si cada video que publicas sigue un patrón reconocible, resuelve un problema específico y cumple una promesa clara, la gente volverá por más, incluso si nunca ve tu rostro.

Para lograrlo, elige un **nicho consistente** y mantente fiel a un mensaje central. Si ayudas a las personas a ahorrar dinero, haz que cada video se conecte con esa promesa. Si te enfocas en productividad o motivación, construye un gancho reconocible. Por ejemplo, tus videos pueden empezar siempre con una pregunta como "¿Te cuesta...?" o con una afirmación como "Esto es lo que me hubiera gustado saber a los 22". La consistencia en ganchos, estructura, tono de la voz en off y diseño (fuentes, subtítulos, emojis o música de fondo) refuerza tu identidad de marca. Las personas comienzan a reconocer tu contenido en su feed, y eso es poderoso, incluso sin un rostro.

Otra estrategia poderosa es usar una **mascota, logotipo o tema sin rostro** que represente tu marca. Puede ser un avatar animado, un símbolo en movimiento o incluso un personaje de stock que aparezca en todo tu contenido. Herramientas como D-ID, Synthesia y Animaker te permiten generar avatares parlantes que construyen una identidad visual con el tiempo. También puedes construir autoridad mediante la repetición: mencionar tu sitio web, ebook, producto o eslogan en cada pieza de contenido. Con el tiempo, tu audiencia asociará esa identidad con utilidad, confiabilidad o incluso entretenimiento.

La **confianza** también crece con la transparencia y la prueba social. Incluso como marca sin rostro, puedes compartir logros, historias y aprendizajes en tus subtítulos, locuciones o publicaciones fijadas. Comparte capturas de tus resultados, tu progreso o comentarios de tu audiencia. Interactúa en los comentarios. Responde preguntas. Preséntate de forma constante y entrega valor con el tiempo: así se construye la confianza. Y recuerda: muchas marcas grandes, desde bancos hasta empresas de software, operan completamente sin rostro. No es la cara lo que importa; es la **sensación** que la gente asocia con tu marca.

Por último, piensa a **largo plazo**. El branding sin rostro trata de escalabilidad y legado. Si algún día quieres vender tu canal, licenciar tu contenido o construir un negocio de medios, una marca sin rostro suele ser más fácil de empaquetar y transferir. Tú no eres el producto; el contenido lo es. Y al construir un sistema en torno a tu tono, herramientas y mensaje, estás creando un activo digital que puede crecer de forma independiente a ti. En este sentido, el contenido sin rostro no es solo una alternativa: es una estrategia poderosa para la longevidad, la automatización y la libertad.

El poder del Checklist de Hábitos de Dinero de Andre

Andre siempre quiso construir algo en línea: una marca que pudiera crecer mientras trabajaba en su empleo de 9 a 5 y quizá reemplazar su ingreso algún día. Pero cada vez que miraba YouTube o TikTok, parecía que todos bailaban, hacían vlogs o sketches de comedia frente a la cámara. Eso no era él. Era reservado, tranquilo y no quería ser el centro de atención. Durante un tiempo, creyó que eso lo dejaba fuera del juego... hasta que descubrió un canal motivacional sin rostro que le cambió la perspectiva.

Los videos eran simples. Frases contundentes aparecían en pantalla. Voces robóticas y calmadas daban mini charlas motivacionales. De fondo, imágenes de ciudades, personas corriendo y olas del océano. Sin rostros. Sin nombres. Solo valor puro. Tenía más de 300,000 seguidores. Y ahí Andre se dio cuenta: era posible construir una marca que hiciera sentir algo a las personas sin ser visto.

Se puso manos a la obra. Eligió el tema de **motivación financiera** y comenzó a escribir guiones de 60 segundos con ChatGPT. Cada uno se enfocaba en una idea: cómo salir del ciclo de vivir de quincena en quincena. Les dio voz con ElevenLabs, creó los visuales con Pictory y usó siempre la misma música y fuentes. Llamó a su marca **"Wealth Mode"** y se aseguró de que cada video incluyera el eslogan: *"Es hora de convertir tu esfuerzo en crecimiento."* Publicó de forma constante durante cuatro semanas.

Poco a poco llegaron las vistas. Luego los comentarios. Luego los compartidos. La gente empezó a etiquetar amigos, a responder "Esto me llegó fuerte" y a guardar sus videos. Aunque Andre nunca mostró su rostro ni su nombre real, su marca empezaba a ser reconocida. Añadió un pequeño logotipo como marca de agua en cada video y creó un Linktree con descargas gratuitas y ofertas de afiliados. Uno de sus imanes de leads —un **"Checklist de Hábitos de Dinero"**— superó las 600 descargas en el primer mes.

A medida que escalaba, lo **sistematizó todo**. Creó un calendario de contenido en Notion. Automatizó la generación de subtítulos. Incluso externalizó las locuciones usando créditos de ElevenLabs y entrenó sus herramientas para igualar su tono. Cuanto más contenido publicaba, más personas empezaban a buscar "Wealth Mode": no a él, sino a su marca. Había cobrado vida propia.

Un día recibió un mensaje directo de un seguidor: *"Tus videos me ayudaron a mantener mi presupuesto por primera vez en años. Gracias."* Andre sonrió. No había dicho una sola palabra frente a una cámara. No había mostrado su rostro ni una vez.

Pero había construido algo real: una marca que importaba. Una marca que generaba confianza, cambiaba vidas y ahora también generaba ingresos. Todo sin ponerse jamás bajo los reflectores.

Capítulo 9: El embudo de video pasivo: configúralo una vez y gana para siempre

La verdadera magia de la creación de videos con IA no está solo en producir contenido, sino en **configurar sistemas que generen ingresos de forma pasiva**. Aquí es donde todo se une: contenido sin rostro, automatización, marketing de afiliados, productos digitales y generación de leads, trabajando en armonía para construir una máquina de ingresos pasivos. En este capítulo aprenderás a diseñar y lanzar un **embudo de video pasivo** que siga generando tráfico, leads y ventas mucho después de haber creado el contenido.

La idea central es simple: creas videos que atraen atención y los conectas con una oferta monetizada —un enlace de afiliado, un producto o un imán de leads—. Los espectadores ven el video, siguen tu CTA y realizan una compra o entran en tu embudo. Ese embudo luego hace seguimiento con correos automatizados, recomendaciones o upsells, todo creado una sola vez y ejecutándose de forma automática. Cada nuevo video se convierte en una fuente de tráfico que alimenta este sistema. No se trata de volverse viral; se trata de colocar **"anzuelos" digitales** que se acumulen con el tiempo.

Desglosemos un embudo de video pasivo básico. Primero, elige un **nicho con audiencia monetizable** —como herramientas de IA, fitness, finanzas personales, productividad o educación—. Luego, selecciona un **regalo gratuito** sencillo —un checklist, ebook o plantilla—. Usa herramientas de IA como ChatGPT o Canva para crearlo en una hora o menos. Después, configura una **landing page** con herramientas como Systeme.io, ConvertKit o MailerLite, donde recogerás correos a cambio del regalo. A continuación, crea una **secuencia corta de emails** que te presente, aporte valor y promocione tu producto de afiliado u oferta digital.

Ahora crea una **serie de videos cortos** dirigidos a esa misma audiencia y que promocionen el regalo. Cada video debe incluir un CTA claro como "Descarga mi checklist gratuito de herramientas de IA — enlace en la bio". Estos videos son los que impulsan el tráfico hacia tu embudo. Lo mejor es que los videos viven de forma indefinida en TikTok, YouTube Shorts y Reels: algunos tendrán cientos de vistas, otros miles o más. Con el tiempo, el efecto acumulativo se traduce en una lista de correos en crecimiento y ventas diarias, **sin que tengas que aparecer todos los días**.

Para mantenerlo pasivo, **programa tu contenido con antelación** y **automatiza el seguimiento**. Herramientas como MailerLite o Systeme.io te permiten crear secuencias automáticas que entregan el regalo, construyen confianza y recomiendan ofertas, todo sin intervención. A medida que tu embudo funcione, puedes probar diferentes ganchos, productos o CTAs para mejorar conversiones. Y si quieres escalar, reinvierte ganancias en anuncios, colaboraciones o en externalizar más creación de contenido.

La clave es **consistencia y paciencia**. Muchos creadores se rinden demasiado pronto esperando resultados inmediatos. Pero con un embudo de video, no persigues likes: **construyes un ecosistema**. Tu contenido trabaja 24/7. Tu embudo capta leads. Tus emails nutren y convierten. Puede tomar semanas o meses, pero cuando arranca, realmente se vuelve pasivo. Ahí es cuando tu negocio digital empieza a sentirse como **libertad**, y no como otro empleo.

Cómo Luis se convirtió en un creador de ingresos pasivos

A Luis siempre le atrajo la idea de los ingresos pasivos, pero cada intento que hacía parecía de todo menos pasivo. Probó el dropshipping —demasiadas quejas de clientes—. Probó el freelance —cero libertad de tiempo—. Incluso intentó bloguear, pero le costaba ser constante. Entonces, una noche navegando por YouTube, encontró un video titulado: *"Cómo* *gano $2,500 al mes con videos de IA sin mostrar mi rostro"*. Ese video lo cambió todo.

El creador explicaba un sistema: videos cortos que llevaban a un checklist gratuito, que llevaba a un embudo de email, que terminaba en comisiones de afiliados. Todo se configuraba una vez y seguía funcionando. Luis quedó enganchado. Pausó el video y esa misma noche empezó a construir su propio sistema. Eligió un nicho que conocía bien: **trucos de productividad**. Abrió ChatGPT y le pidió crear un checklist de *"7 herramientas de IA para ahorrar tiempo"*. En minutos, tenía un PDF. Luego usó Systeme.io para crear una landing page sencilla que ofrecía el checklist a cambio del email.

Después escribió una **secuencia de 4 correos** con ChatGPT: el primero entregaba el checklist; el segundo compartía tres consejos extra; el tercero presentaba su app favorita para ahorrar tiempo (con enlace de afiliado); y el cuarto enlazaba a un **planner de productividad de $17** que creó en Canva. Luego vino el contenido. Luis usó ChatGPT y ElevenLabs para guionizar y poner voz a **10 videos sin rostro** sobre estrategias para ahorrar tiempo. Usó InVideo para convertir el audio en videos y CapCut para pulirlos. Cada uno terminaba con un CTA: "Descarga el checklist gratuito de herramientas de IA – enlace en la bio".

Los subió a todas las plataformas –TikTok, Reels y YouTube Shorts–. La primera semana no pasó nada. Luego, un video –*"3 herramientas de IA que me ahorraron 20 horas el mes pasado"*– despegó: **32,000 vistas**. Su lista de correos creció en **más de 700 suscriptores** en tres días. Al final de la semana, realizó **cuatro ventas de afiliados y tres ventas de producto**. Así, su embudo de video pasivo era real y estaba funcionando.

Con el tiempo, Luis siguió ampliando su biblioteca de videos. Cada nueva publicación traía más espectadores, más leads y más ventas. Ya no publicaba todos los días. No hacía falta. Su embudo estaba vivo. No importaba si trabajaba, dormía o estaba de vacaciones: sus videos impulsados por IA seguían atrayendo y convirtiendo por él. Ese único sistema –construido en un solo fin de semana– se convirtió en la base de su negocio digital. Y ahora, cada vez que crea un nuevo video, sonríe sabiendo que es otro anzuelo en el agua, **generando ingresos pasivos durante semanas o meses**.

Capítulo 10: Reflexiones finales y tus próximos pasos — de tu primer video a ingresos a tiempo completo con videos de IA

Ahora ya has visto cómo construir un negocio de videos impulsado por IA desde cero, incluso si nunca apareces en cámara, nunca grabas tu propia voz y nunca editas un solo fotograma de forma manual. Lo que antes solo estaba al alcance de influencers o profesionales del video, hoy está disponible para cualquier persona con conexión a internet, una idea básica y las herramientas de IA adecuadas. Pero el conocimiento sin acción no significa nada. Este capítulo final te dará un camino claro a seguir: una lista de próximos pasos para pasar de la idea a los ingresos, un video corto a la vez.

Tu primer objetivo es simple: **crear y publicar tu primer video**. No lo pienses demasiado. Elige un tema que te importe —productividad, fitness, dinero, relaciones, motivación— y pídele a ChatGPT que escriba un guion de 30 segundos con tu estilo. Luego usa una herramienta como ElevenLabs o PlayHT para ponerle voz, y Pictory o InVideo para darle vida visualmente. Usa CapCut o VEED para añadir subtítulos. Expórtalo y publícalo en YouTube Shorts, TikTok e Instagram

Reels. No tiene que ser perfecto, solo tiene que estar publicado. Ese primer post marca el inicio de tu camino.

Después, construye **consistencia**. Define un calendario: quizá 3 videos por semana para empezar. Trabaja en lote para no sentirte abrumado. Escribe guiones los lunes, genera locuciones los martes, crea y programa videos los miércoles. Analiza qué funciona mejor. ¿Qué títulos obtienen más clics? ¿Qué CTAs generan respuestas? Deja que los datos guíen tu creatividad. El objetivo no es volverte viral, sino aprender, mejorar y crear un motor de contenido que funcione mejor cada semana.

Luego, añade **monetización**. Elige un producto o programa de afiliados para promocionar. Crea un imán de leads —un checklist gratuito, una mini guía o una herramienta digital— y enlázalo en tu biografía. Configura una landing page sencilla y una secuencia de emails usando MailerLite o Systeme.io. Cada video que publiques se convierte en una fuente de tráfico para ese embudo. Con cada nuevo post, tu sistema se fortalece. Tu lista crece. Tus ventas crecen. Y tu confianza crece con ellas.

A medida que los resultados empiezan a llegar, **escala de forma inteligente**. Reutiliza contenido largo. Convierte un video o pódcast de 10 minutos en 10 Shorts usando Opus Clip o Wisecut. Crea un panel de contenido en Notion o Trello para seguir temas, publicaciones y rendimiento. Usa Make.com para automatizar el movimiento de archivos, la programación de publicaciones y el seguimiento del embudo. Externaliza tareas pequeñas si es necesario. Cada nueva capa que añades te acerca más a un negocio que funciona incluso cuando no estás trabajando.

Y recuerda: nadie lo hace perfecto desde el primer día. Los creadores de IA más exitosos no empezaron con sistemas sofisticados ni flujos de trabajo impecables. Empezaron con un solo video imperfecto y el compromiso de seguir adelante. En este nuevo mundo, donde la IA ha eliminado tantas barreras, tu único trabajo es **tomar acción**. No necesitas permiso. No necesitas un equipo. Solo necesitas empezar.

Tu voz importa, incluso si es generada por IA. Tus ideas tienen valor, incluso si están escritas por un chatbot. Y tu audiencia te está esperando, aunque todavía no la conozcas. Cada video que creas tiene el potencial de generar ingresos, hacer crecer tu marca y cambiar la vida de alguien. Así que da el primer paso. Crea el primer video. Y deja que este sea el comienzo de algo grande.

Ahora veamos la historia de **Marcus**.

Marcus nunca pensó que se convertiría en creador digital. No era cineasta. No tenía un estudio. Ni siquiera le gustaba estar frente a la cámara. Trabajaba en un empleo normal, llegaba a casa cansado y navegaba por redes sociales para desconectarse. Pero algo en ver a personas comunes convertir videos de 30 segundos en fuentes de ingresos le quedó dando vueltas en la cabeza. "Si ellos pueden hacerlo", pensó, "¿por qué yo no?".

Su primer video fue tosco. Los subtítulos no estaban bien. El ritmo era extraño. Pero lo hizo: un video corto sin rostro sobre cómo usar ChatGPT para productividad. Lo publicó en YouTube Shorts y se olvidó de él. A la mañana siguiente tenía 213 vistas. No era viral, pero fue suficiente para acelerar su corazón. Hizo otro. Y otro más. Al final del mes, había publicado 12 videos y tenía 59 suscriptores en su lista de correos, todos gracias a un checklist gratuito que ofrecía en el enlace de su bio.

Dos meses después, uno de sus videos superó las 80,000 vistas. Su lista de correos había crecido a 1,300 personas. Ganó sus primeros $400 en comisiones de afiliados y vendió 18 copias de un kit de herramientas de IA de $17 que creó en Canva. Ese único video, de solo 48 segundos, estaba generando dinero todos los días. Construyó un pequeño embudo. Luego automatizó su flujo de trabajo. Para el quinto mes, Marcus publicaba tres videos por semana, la mayoría creados en lote en un solo día, y ganaba más con su proyecto paralelo de lo que jamás imaginó.

Nunca mostró su rostro. Nunca grabó su voz. Pero creó contenido que resolvía problemas, generaba confianza y producía ingresos. Mantuvo todo simple. Una idea. Una herramienta. Un video a la vez. Lo que empezó como curiosidad se convirtió en una marca. Lo que empezó como un proyecto secundario se transformó en un sistema. Y lo que comenzó como un experimento se convirtió en el inicio de algo que cambió su vida.

Para Marcus, el verdadero punto de inflexión no fueron las vistas ni el dinero. Fue darse cuenta de que podía crear y ganar a su manera: en silencio, de forma creativa y con control total sobre su tiempo. Había construido algo real: un negocio de videos pasivos impulsado por IA. Y todo empezó con un solo video, una sola publicación y una sola decisión de comenzar.

Capítulo 11: Ir más allá de los Shorts – expandirse al contenido largo, cursos y productos digitales escalables

Una vez que tu sistema de videos de formato corto está en marcha y comienzas a ver crecimiento, interacción y algunos ingresos, ya no eres solo un principiante: ahora estás operando como un **negocio digital de contenido**. En esta etapa, el movimiento más inteligente es **expandirte**. Los videos cortos son poderosos, pero funcionan aún mejor cuando se conectan con contenido más largo, ofertas más profundas y productos digitales escalables. En este capítulo exploraremos cómo pasar del video corto al contenido largo, cursos en línea y otros activos digitales que aumentan tu autoridad y multiplican tus ingresos.

La primera evolución —y la más natural— es el **contenido de formato largo**. Si has estado publicando Shorts o Reels de manera constante, probablemente ya sabes qué temas resuenan más con tu audiencia. Mira tus analíticas: ¿qué videos reciben más vistas, comentarios o guardados? ¿Cuáles generan más clics o conversiones? Usa eso como base para crear contenido más largo. El formato largo te da más tiempo para educar, demostrar o contar historias. Puedes usar YouTube, pódcasts o incluso webinars pregrabados para profundizar en los problemas que más le importan a tu audiencia. ¿La mejor parte? No necesitas aparecer en cámara. Puedes seguir siendo una marca sin rostro usando grabaciones de pantalla, presentaciones animadas o herramientas de avatares como Synthesia para entregar videos completos.

Desde ahí, puedes convertir ese contenido largo en un **curso o producto digital**. Por ejemplo, si creas contenido sobre herramientas de productividad con IA, podrías construir un curso en video de 60 minutos titulado "Multiplica tu tiempo con IA" y venderlo por $27 o más. Si tu contenido es sobre educación financiera, podrías crear un planificador descargable o un checklist para reparar crédito. La forma más fácil de empezar es reutilizar tu mejor contenido de formato corto y convertirlo en un formato estructurado, paso a paso. Usa ChatGPT para crear el temario, escribir los guiones y redactar la página de ventas. Luego utiliza herramientas como Systeme.io, Gumroad o Teachable para empaquetar y vender tu producto.

Tus videos cortos ahora funcionan como **imanes de tráfico**, mientras que el contenido largo construye confianza y los productos digitales cierran la venta. Así es como los creadores pequeños comienzan a ganar cientos y luego miles de dólares al mes sin necesidad de volverse virales. No se trata de que un solo video haga todo el trabajo; se trata de construir un

recorrido completo para el espectador: un video gratuito que lleva a un recurso gratuito, que lleva a un producto, que convierte a un seguidor en cliente o fan. Cada pieza de contenido se vuelve una herramienta dentro de tu motor de ingresos. Con automatización y apoyo de la IA, todo este recorrido puede construirse en días, no en meses.

El camino más escalable es pensar en **ofertas**, no solo en contenido. ¿Cuál es la transformación que tu espectador quiere y cómo puedes entregarla de forma más completa, clara y rápida que nadie más? Eso es por lo que la gente paga. Puede ser un curso, un paquete de plantillas, un kit de herramientas o una sesión privada de coaching. El formato importa menos que el resultado. Cuanto más estructuradas y valiosas sean tus ofertas digitales, más fácil será venderlas, especialmente cuando tus videos cortos ya han calentado a la audiencia.

Y no olvides los **ingresos recurrentes**. Una vez que tus productos estén validados, considera convertirlos en una membresía o suscripción. Puedes ofrecer nuevas plantillas cada mes, publicar contenido privado semanalmente o dar acceso a entrenamientos en vivo exclusivos. Plataformas como Patreon, Skool y Kajabi facilitan esto. Con la IA, incluso puedes automatizar entregas mensuales de contenido, lo que te permite escalar sin aumentar tu carga de trabajo. Así es como los creadores de medio tiempo se convierten en emprendedores a tiempo completo: apilando productos digitales, ofertas y flujos de ingresos recurrentes sobre un sistema de videos cortos que ya funciona.

El viaje no termina con los Shorts. Son solo la **puerta de entrada**. En el momento en que combinas tu contenido en video con una oferta estructurada, educación de formato largo y un sistema de entrega escalable, pasas de creador de contenido a **emprendedor digital**. Y desde ahí, tus ingresos ya no dependen solo de cuántos videos publiques, sino del **ecosistema de valor** que has construido alrededor de ellos.

El kit de productividad de Nina

Nina llevaba unos seis meses creando videos de formato corto. Lo que empezó como un proyecto por curiosidad se había convertido en algo real: tráfico real, seguidores reales e ingresos reales. Sus videos sin rostro sobre herramientas de IA, trucos para ahorrar tiempo y consejos para solopreneurs ya le generaban comisiones de afiliados todos los días. Había crecido su audiencia a miles de personas y construido una lista de correos pequeña pero constante. Aun así, sentía que estaba llegando a un techo. A sus seguidores les encantaba el contenido, pero muchos preguntaban: "¿Tienes un curso?" o "¿Dónde puedo aprender más?". Esa pregunta plantó la semilla.

Nunca se había considerado creadora de cursos. “Eso es para expertos”, solía decir. Pero al revisar las decenas de videos que ya había creado, Nina se dio cuenta de que **ya estaba enseñando**, solo que en fragmentos pequeños. Así que un fin de semana se sentó, abrió ChatGPT y pidió: “Ayúdame a convertir mis 10 mejores TikToks en un temario de curso”. En minutos, tenía un currículo estructurado. Lo dividió en cinco lecciones, cada una enfocada en resolver un problema claro. Usó los guiones de sus videos anteriores para crear el contenido, añadió algunos ejemplos más y lo grabó con diapositivas y una voz generada por IA.

En pocos días, su primer curso estaba listo. Lo llamó **“Crea más, trabaja menos: el kit de productividad con IA”** y lo alojó en Systeme.io. Lo puso a $29 e incluyó un paquete de plantillas como bono, también creado con ChatGPT y Canva. Luego actualizó los CTAs de sus videos a: “¿Quieres la guía completa? Consigue el curso — enlace en la bio”. A la mañana siguiente hizo su primera venta. Luego otra. Y tres más al final de la semana. La emoción de despertarse con ventas de algo que había creado una sola vez fue incomparable.

Pero Nina no se detuvo ahí. Creó varios tutoriales de formato largo en YouTube, reutilizando preguntas que su audiencia hacía con frecuencia. Eran videos de 10 a 15 minutos, completamente sin rostro, pero llenos de valor. Empezaron a posicionarse en búsquedas. Enlazó su imán de leads gratuito debajo de cada video, que llevaba al mismo embudo de email donde ofrecía su curso. Sus videos cortos traían tráfico diario. Sus videos largos construían autoridad. Su embudo de email convertía leads. Todo trabajaba en conjunto.

Al escalar, Nina lanzó una **suscripción mensual de $9** donde los miembros recibían flujos de trabajo exclusivos, prompts de IA y plantillas de video. Usó IA para automatizar las entregas, programó el contenido con un mes de anticipación y creó videos extra usando sus herramientas existentes. Ese ingreso por suscripción —pequeño al inicio— empezó a acumularse. Sumado a las comisiones de afiliados y ventas de cursos, ahora ganaba más de lo que había ganado en su antiguo trabajo de medio tiempo, todo desde su marca sin rostro.

¿Y lo mejor? Ya no tenía que crear desde cero todos los días. Tenía **sistemas**. Un video podía convertirse en un Reel, un YouTube Short, un análisis de formato largo, una entrada de blog y un email. Su producto digital —creado una sola vez— seguía vendiéndose cada día. Por fin entendió a qué se refería la gente cuando hablaba de **escalar un negocio de contenido**.

Nina había ido más allá de los Shorts. Había construido una marca, un embudo, un portafolio de productos y un sistema de ingresos predecible y escalable, todo impulsado por IA, todo creado desde su laptop y todo sin mostrar jamás su rostro. No fue magia. Fue consistencia, curiosidad y expansión inteligente. Y ahora, su historia apenas estaba comenzando.

Capítulo 12: Medir, optimizar y escalar con datos — dejar que la analítica guíe tu imperio de videos con IA

En algún punto de tu recorrido con videos impulsados por IA, **la constancia por sí sola ya no será suficiente**. Estarás creando contenido de forma regular, publicando en múltiples plataformas e incluso generando algunos ingresos, pero sin datos no sabrás realmente qué está funcionando. Por eso, este capítulo se centra en cómo **medir tu rendimiento, optimizar tu contenido y embudos, y escalar tu marca digital de video usando datos**, no suposiciones. Los datos no son solo números: son tu mapa para obtener más vistas, mejores conversiones y un crecimiento más rápido.

El primer paso es comprender las **métricas clave que importan** en el contenido de formato corto. Aunque cada plataforma ofrece analíticas ligeramente distintas, las métricas principales a las que debes prestar atención son: vistas, tiempo de visualización, retención de la audiencia, engagement (me gusta, comentarios, compartidos, guardados), tasa de clics (CTR) y conversiones. En YouTube Shorts, revisa de cerca los gráficos de retención: ¿cuánto tiempo permanecen las personas antes de irse? En Instagram Reels y TikTok, enfócate en los compartidos y guardados: son señales claras de que tu contenido conectó. Pon especial atención a los **primeros 3 segundos**. Si la mayoría abandona temprano, tu gancho no es lo suficientemente fuerte.

También deberías **rastrear los clics en enlaces y la actividad del embudo**. Si estás promocionando un lead magnet o un producto, configura enlaces UTM o usa herramientas como Bitly o el tracking integrado de Systeme.io para monitorear qué videos generan más acción. ¿La gente realmente hace clic en tu "link en bio"? ¿Qué formatos de video generan más suscripciones por email o ventas de afiliados? Si un tipo de contenido supera consistentemente al resto, esa es tu señal para crear más de eso. No asumas: **confirma**. Deja que los números guíen tus próximos pasos.

Para organizar todo, crea un **panel de analíticas sencillo**. Puedes usar una plantilla en Notion, Google Sheets o una herramienta de pago. Como mínimo, registra: fecha, título/tema del video, plataforma, vistas en las primeras 48 horas, vistas totales a los 7 días, CTA utilizado y los leads o ventas generadas. Usa colores o etiquetas para marcar los videos con mejor rendimiento. Con el tiempo, surgirán patrones: verás qué horario funciona mejor, qué duración rinde más y qué CTAs convierten mejor. Ahí es cuando tu canal pasa de "publicar y esperar" a **"publicar con precisión"**.

Una vez que sabes qué funciona, es momento de **optimizar**. Esto puede significar reescribir ganchos, cambiar visuales, ajustar el llamado a la acción o incluso experimentar con el estilo de voz o el diseño de subtítulos. Prueba **una variable a la vez**. Por ejemplo, si usas un nuevo CTA en 5 videos y ves un aumento en conversiones, sabes que está funcionando. También puedes hacer pruebas A/B con títulos o miniaturas si trabajas contenido largo. Con herramientas de IA, probar es más rápido que nunca: puedes generar cinco versiones de un gancho con ChatGPT o diez líneas de CTA con un solo prompt.

La optimización también aplica a tu **embudo**. Si tus videos obtienen vistas pero tu landing page no convierte, quizá el lead magnet no es lo suficientemente claro o valioso. O tal vez tus emails no están alineados con el tono de tu contenido. Usa herramientas como MailerLite, Systeme.io o ConvertKit para monitorear aperturas, CTR y conversiones. Si hay aperturas pero no clics, tu email necesita más urgencia. Si hay clics pero no compras, quizá el posicionamiento o el precio del producto deba ajustarse. **Los números te lo dirán**, si estás dispuesto a escucharlos.

Luego viene **escalar**. Cuando encuentras tu fórmula ganadora —un formato de contenido que rinde, un embudo que convierte y un producto que se vende— tu trabajo se simplifica: **hacer más de lo que funciona**. Eso puede significar aumentar la frecuencia de publicación, reutilizar contenido exitoso, externalizar la reutilización o incluso invertir en anuncios para amplificar el alcance. Puedes convertir tu mejor video en un Reel promocionado o un TikTok Spark Ad para llegar a nuevas audiencias. Con analíticas respaldando tus decisiones, cada dólar y cada minuto rinden más.

Y finalmente, medir te da otro regalo: **confianza**. Cuando sabes qué funciona —con pruebas— dejas de sobrepensar. Dejas de perseguir tendencias o copiar a otros. Empiezas a tomar decisiones más inteligentes y más rápido. Dejas de dudar de tu valor y comienzas a escalar con claridad. Ahí es cuando tu marca de videos con IA deja de ser solo una salida creativa y se convierte en un **negocio real**, construido con datos, impulsado por sistemas y diseñado para crecer en tus propios términos.

Savannah impulsada por IA

Savannah llevaba más de cinco meses creando videos sin rostro impulsados por IA. Su contenido era constante, limpio y cada vez más popular. Algunos de sus Shorts superaron las 50,000 vistas. Había construido una lista de correo de más de 2,000 personas y tenía ventas semanales de productos digitales. Pero sentía que su crecimiento se había estancado. A pesar del esfuerzo, sus ingresos se habían aplanado. Algunos videos se volvían virales y otros fracasaban, y no sabía por qué. Fue entonces cuando se dio cuenta de que estaba creando contenido **a ciegas**: adivinando en lugar de medir.

Decidió hacer algo que nunca había hecho: **crear un panel de datos**. Al principio, abrió una simple hoja de cálculo. Listó cada video publicado ese mes, el título, la plataforma, las vistas a las 48 horas y si había generado suscripciones o ventas. Los patrones la sorprendieron. Su video con mayor conversión —42 ventas del curso— no era el más visto. De hecho, tenía menos de 5,000 vistas. Pero su gancho era clarísimo. Hablaba de un solo dolor específico. Y cerraba con un CTA contundente: "Descarga el checklist y obtén el tutorial de IA dentro".

Intrigada, Savannah analizó sus mejores videos. Todos tenían algo en común: **estructura limpia**. Abrían con un gancho fuerte, pasaban por 2–3 puntos rápidos y terminaban con una oferta clara. En cambio, los videos con bajo rendimiento eran más "listas", llenos de datos pero sin emoción, urgencia ni llamado a la acción. Luego revisó su embudo y notó que su landing page era demasiado vaga. Prometía una "guía gratuita de IA", pero no decía qué aprenderían ni cómo les ayudaría. Cambió el titular a: "3 herramientas de IA para ahorrarte 10 horas esta semana – más un video bonus paso a paso". Las suscripciones subieron **38% en una semana**.

Savannah empezó a probar nuevos CTAs con ChatGPT. Cargó sus guiones antiguos y pidió 10 variaciones de cierres más fuertes. Los cambió y midió resultados. Cuando publicó cinco videos con "Haz clic en el link de la bio para el flujo completo de IA", las conversiones se duplicaron. Luego notó que los videos publicados entre las 11 a.m. y la 1 p.m. rendían **40% mejor** que los de la noche. Ajustó su horario. También descubrió que agregar un borde brillante a los subtítulos aumentaba la retención en un **12%**. Pequeños cambios que, sumados, marcaron la diferencia.

Cada semana, Savannah revisaba su hoja de cálculo. Marcaba en colores sus mejores videos, anotaba ganchos de alto rendimiento y añadía una columna de "puntaje de conversión". Con el tiempo, creó una biblioteca de ideas ganadoras para reciclar, mezclar o reutilizar en distintas plataformas. Sus ingresos volvieron a crecer, esta vez con mayor previsibilidad. Ya no adivinaba. Tomaba decisiones estratégicas, **impulsadas por datos, no por dopamina**.

Un día miró sus analíticas y vio un hito: **$5,014 generados en 30 días** a partir de tráfico de video, ventas por email y embudos automatizados. No trabajó más; trabajó mejor. Al medir cada paso, dejó de hacer lo que no funcionaba y duplicó lo que sí. La marca sin rostro de Savannah ahora funcionaba como un negocio. Y el panel de datos que antes evitaba se había convertido en su herramienta más valiosa.

Epílogo: Una nueva era de creadores — y tú eres uno de ellos

Vivimos uno de los cambios más transformadores en la historia digital. Durante décadas, la posibilidad de ganar dinero con la creación de contenido estuvo reservada para unos pocos: celebridades, influencers con grandes presupuestos o profesionales con habilidades técnicas avanzadas. Si no tenías una cámara sofisticada, conocimientos de edición de video o la confianza para mostrar tu rostro, a menudo quedabas fuera de la ecuación. Pero eso ya no es así. Gracias a la inteligencia artificial, los guardianes del acceso han desaparecido. El terreno se ha nivelado. Y ahora, por primera vez, cualquiera —incluyéndote a ti— puede construir un negocio basado en video desde casa, de forma anónima y con un costo casi nulo.

Este libro no trató solo de herramientas y tácticas. Trataba de desbloquear una mentalidad. La revolución de la IA no es solo técnica, es personal. Permite que el creador silencioso sea escuchado, que el padre o madre a medio tiempo genere ingresos, que el estudiante escale, que el emprendedor automatice y que el soñador actúe. Ya no necesitas permiso, experiencia ni una "marca personal" para empezar. Ni siquiera necesitas ser el rostro o la voz de tu contenido. Todo lo que necesitas es un mensaje que valga la pena compartir, el compromiso de presentarte de forma constante y la disposición a aprender en el camino.

Lo que has aprendido aquí es un plano de acción, uno que personas reales están usando ahora mismo para construir ingresos reales con videos creados en minutos. Has visto cómo generar contenido sin rostro con IA. Has aprendido a construir embudos pasivos que convierten vistas en ingresos. Has explorado cómo crear ofertas de formato largo, cursos y productos digitales. Y, lo más importante, ahora sabes cómo convertir unos minutos de creatividad enfocada en activos digitales que te pagan una y otra vez, incluso mientras duermes. Esto es más que un ingreso extra: esto es apalancamiento digital.

Pero no te detengas aquí. A medida que avances, entiende que tu éxito no vendrá de hacer más cosas, sino de hacer las cosas correctas de forma consistente. Eso significa elegir un tema central y crear videos cada semana. Significa configurar una lista de correos básica y ofrecer algo valioso a cambio de confianza. Significa crear contenido que ayude, eduque, entretenga o inspire, y luego permitir que ese contenido trabaje por ti en múltiples plataformas y zonas horarias. No tienes que ser el mejor, solo útil. No necesitas ser famoso, solo encontrable. Esa es la belleza de esta nueva economía digital.

El futuro pertenece a los creadores que entienden los sistemas. A quienes usan la IA no para tomar atajos, sino para multiplicar su producción. A quienes comprenden que una idea puede escribirse en 30 segundos, narrarse en un minuto, convertirse en un video en diez y monetizarse durante meses, todo desde una laptop o un teléfono. A quienes ven que hemos ido más allá de la atención por la atención misma. Ahora estamos en la era del contenido con propósito, donde los videos conducen a valor, el valor conduce a confianza y la confianza conduce a libertad. Tus videos no solo entretienen; abren puertas. Presentan, califican y venden.

¿Y qué sucede a medida que creces? Empiezas a recuperar tu tiempo. Dejas de perseguir algoritmos y comienzas a crear desde la alineación. Tu marca sin rostro empieza a sostenerse por sí sola. Las personas confían en tu voz, aunque sea generada. Siguen tus consejos, aunque sean breves. Compran tus productos, aunque sean simples. Porque te has convertido en una guía en su mundo. Te has presentado de forma constante con respuestas. Has ofrecido soluciones cuando otros guardaban silencio. Y ese tipo de fiabilidad construye algo más fuerte que seguidores: construye comunidad.

Así que aquí estás, al comienzo de algo poderoso. Has superado la curva de aprendizaje. Has visto lo que es posible. Y ahora enfrentas la decisión más importante: ¿continuarás? ¿Te comprometerás a publicar de forma constante? ¿Tomarás tu contenido con mejor rendimiento y lo convertirás en un producto? ¿Construirás ese embudo y lo automatizarás? ¿Tomarás lo que has aprendido aquí y lo transformarás en un sistema de ingresos vivo, que funcione contigo o sin ti?

Porque si lo haces, todo cambia. Empezarás a ganar dinero sin intercambiar tiempo por dinero. Despertarás con nuevos seguidores, nuevos suscriptores y nuevas comisiones, no porque trabajaste más duro, sino porque sistematizaste de forma más inteligente. Podrás viajar, descansar o construir algo nuevo, sabiendo que tu contenido sigue sirviendo a otros y recompensándote de manera silenciosa, constante y predecible. Y mirarás atrás y te darás cuenta: esto nunca se trató solo de hacer videos. Se trató de construir una vida en tus propios términos.

Esta es tu era. La revolución de marcas sin rostro, impulsadas por IA y lideradas por creadores, ya está aquí. Las herramientas están listas. La audiencia está esperando. Y el primer paso sigue siendo el más poderoso: abre tu laptop, escribe tu próximo guion y presiona publicar. Video a video, no solo estás construyendo ingresos, estás construyendo libertad. Y eso, más que nada, es de lo que realmente trata este movimiento.

Avanza con valentía. Avanza con constancia. Avanza con inteligencia. Y nunca lo olvides: no necesitas ser visto para generar impacto, solo necesitas estar presente.

Bienvenido a tu nueva vida como creador.

www.ingramcontent.com/pod-product-compliance
Lightning Source LLC
LaVergne TN
LVHW050750051026
849532LV00008B/2824
* 9 7 9 8 2 9 5 5 9 8 8 2 1 *